EL FIN DE LA EDAD DE PLATA

JOSÉ ÁNGEL VALENTE

EL FIN
DE LA EDAD
DE PLATA

Una raza de plata, muy inferior a
la primera, fue creada después por
los moradores del Olimpo.

Los trabajos y los días, 127-8

BIBLIOTECA BREVE
EDITORIAL SEIX BARRAL, S. A.
BARCELONA

Primera edición: 1973
(primera tirada: tres mil ejemplares)

© 1973 by José Ángel Valente

Derechos exclusivos de edición
reservados para todos los países de habla española:
© 1973 by Editorial Seix Barral, S, A.,
Provenza, 219 - Barcelona

Depósito legal: B. 25919 - 1973

I S B N 84 322 0251 7

Printed in Spain

1

RAPSODIA
VIGESIMOSEGUNDA

Antínoo, hijo de Eupites, había caído del alto gorgorito de su estupidez muerte abajo. Qué hermoso pareciera vivo a los necios. Muerto, reveló la entera luz de su naturaleza: era un cerdo sangriento. La lengua se le vino para afuera de la boca, espesa y sucia. Cayó contra su espalda, ebrio de vacío. Los pretendientes revolotearon en un desbarajuste de mesas volteadas y manjares caídos. De las cráteras rotas corrió rojo y hostil el vino airado.

—Gracias, oh dioses, por haberme hecho capaz de la venganza y de la cólera — dijo el héroe. Después dio un largo, increíble berrido que se prolongó infinitamente, igual que si saliese de una cueva sin fondo. Apoyado en firme sobre su propio cuerpo, flexionó las rodillas con las piernas abiertas y comenzó a batir los muslos poderosos.

—Os voy a joder vivos — dijo en su hermosa lengua el celeste Odiseo.

Algunos de los predifuntos vomitaron de horror y el aire se llenó de un olor agrio. Los demás recularon como marea loca. Mas fue en vano, pues ya no tuvo tregua la matanza. Los cadáveres se amontonaban sin rigor, sin espacio bastante para caer, sin hora ni ocasión para decir palabra memorable. Alguno de los de abajo, aún no acabado, se sacudía cada poco con el hipo horrendo de la muerte y hacía retemblar el entero montón de cuerpos desinflados.

Ya el cabrero Melantio, mesturero follón que acarreara lanzas y yelmos para los pretendientes, pateaba colgado de una viga con el cuerpo torcido, gritando sin esperanza, pues muy pronto sus miembros iban a ser despedazados por el héroe, que dio luego a los perros sus narices y orejas, los enrojecidos testículos y el falo tembloroso.

Leodes, el arúspice, que había echado suertes falseadas, bien conoció la suya en esta hora, pues su cabeza quedó sola en el aire, segada con precisión de un solo tajo y mientras aún hablaba. Oh cabeza locuaz, nadie pudo llorarte.

A gatas, entre el sudor de la venganza y el humo de la sangre, llegó al fin hasta el héroe Femio Terpíada, el aedo. Venía con la lira sobre el pecho, a modo de protección o de escudo irrisorio, gimiendo como hembra paridera.

—Ah tú, heroico vate — dijo Odiseo, tentándole el pescuezo con mano carnicera.

Pero el poeta cayó de golpe al polvo, sacudido

por las convulsiones del miedo. El héroe rió con ferocidad rayana en la ternura.

—No quieras degollarme — dijo Femio con voz casi ilegible—. Canté a los pretendientes, obligado por la necesidad, la canción que un dios me inspiraba. Los tiempos son difíciles y quién iba a pensar que tú vendrías. Así que tuve necesidad de pan, de un puesto, de un pequeño prestigio entre los otros, de modestos viajes por provincias. Pero aun así he de decirte que gusté la prisión por lealtad a ti, si bien fue sólo en los primeros tiempos. Después los dioses me engañaron, pues ellos hacen la canción y la deshacen y ponen hoy al hombre en un lugar y soplan otro día y lo destruyen. No quieras tú quitar la vida a quien nada tiene de sí, pues ni siquiera la canción es suya.

Así habló el aedo, mercenario de dioses y de hombres, y Telémaco que asistía a su padre en la matanza, pero conocía mejor la desdichada suerte de la lírica en los años siguientes a la guerra de Troya, intervino en favor del poeta caído.

Así salvó el Terpíada lira y pelleja, con la indignidad propia de una especie en la que, gratuito, un dios pone a veces el canto.

Odiseo y Telémaco azufraban la casa y encendían el fuego. Las esclavas oían temblorosas las órdenes del

13

amo, apretujadas unas contra otras como tibias bece-
rras. El poeta, sentado aún sobre un charco de sangre,
pulsó al azar la lira. Se oyó un sonido tenue, tenaz
e inútil, que quedó en el aire, solo y perdido, como
un pájaro ciego.

ABRAHAM ABULAFIA
ANTE PORTAM LATINAM

Giovanni Gaetano Orsini, Papa Nicolás III, hijo de la gran osa, como su nombre indica y nomina sunt consequentia rerum, se enjugó con un pañuelo enorme el pegajoso sudor de Roma en la canícula, lanzó un bramido horrendo, persiguió a arcabuzazos a varios querubines, serafines, tronos, dominaciones, empujó malamente a cinco cardenales, escrutó el cielo y nada, llamó a sus más secretos consejeros y tampoco supieron, y finalmente dio un gran golpe sobre su mesa del siglo XIII el mes de agosto de 1280 y dijo:

—¡Que lo quemen!

Cayó luego el Orsini en el torpor de sus propios pensamientos.

La orden corrió veloz por la curia, llegó a los *orsatti*, a los *orsachiotti*, a los oseznos; salieron de las casas papales seguros mensajeros armados de escondidas púas, de ponzoñosos puñales, de excomuniones para todo tiempo.

El calor subía como premonitorio vaho desde lo más profundo. Niccolò se arrellanó en su enorme cátedra, hizo un simulacro de oración, buscó con la cabeza la frescura de la seda, entornó los ojos, y en la penumbra de la cámara, ahora desierta, empezó a ver la figura de un anciano, borrosa primero, que se adelantaba suavemente hasta tomar cuerpo y rasgos precisos.

Giovanni Gaetano quiso reaccionar pero no pudo, se sintió repentinamente abandonado de sus bruscas maneras, no supo qué decir y balbució en latín su nombre (su nombre papal, claro). El anciano sonrió y dijo cortésmente:

—Yo, en la vida, fui llamado Maimónides.

—Las mujeres de mi casa me llamaban en otro tiempo Gianni — dijo el Papa inseguro.

—El hombre que viene hacia Roma es un profeta.

—¡Que lo quemen!

—El hombre que viene hacia Roma arde ya en otro fuego.

—Lo quemaré por consejo del Espíritu Santo.

—El hombre que viene hacia Roma tiene el viento y el fuego del Espíritu.

—¡Cómo puedes hablar de profetas! ¿Eres tú un profeta?

—No; yo fui Maimónides, un médico de Córdoba.

—Pues si fuiste un médico sabrás que los profetas arden como leños y gritan en el suplicio como cerdos acuchillados.

—El profeta Elías fue arrebatado en un carro de fuego.

—¡Historias! — gritó el Orsini —. ¡Yo soy el Papa!

—El hombre que viene hacia Roma quiere hablar con el Papa.

—¿Para qué? ¿Para qué quiero ver yo a tu profeta? ¿No podía haberse quedado en su tierra?

—No tiene tierra y es de toda la tierra. Nació en las juderías de Zaragoza, pero ha caminado hacia el Oriente, hasta las márgenes escondidas del río Sambatión, donde ha visto las diez tribus perdidas. Su nombre es Abraham, pero puede llamarse también Raziel o Zacarías, porque su nombre, como todos los nombres, está escrito con números. Ha conocido el nombre verdadero de Dios y puede revelártelo para que tú liberes a su pueblo. Sabe también cómo deshacer los nudos y combinar las letras para andar el camino de los nombres. Ésta es la revelación del hombre que viene hacia Roma.

Giovanni Gaetano oyó estas palabras sin pestañear. Una nube de sangre caía sobre sus ojos. Exploró a tientas los calculados pliegues de sus suntuosos ropajes e irguiendo de pronto el busto entero lanzó un puñal veloz contra el anciano. El arma atravesó con silbido de víbora las sombras de la noche. La visión se deshizo. Cuando los camareros papales entraron espantados, el Orsini, caído de la sagrada silla, barbotaba entre los estertores de la agonía:

—¡Maimónides! ¡Verraco!

A los pocos minutos expiró.

La misma noche, a la misma hora, llegaba a las puertas de Roma un hombre a pie, cubierto por el polvo de toda la tierra. Interrogado, dijo llamarse Raziel o Zacarías o Abraham Abulafia de Zaragoza. No se le halló documentación. Llevaba por todo equipaje un libro titulado *Guía de descarriados,* del médico cordobés Moisés Maimónides. La policía, ávida de cultura, se incautó del legajo. Quemaron el libro, pero la curia aterrorizada hizo liberar al hombre.

En la madrugada del Sábado Santo, 9 de abril del año 1300, el poeta florentino Dante Alighieri vio en el octavo círculo del infierno, en el lugar llamado Malebolge, a Nicolás III. Estaba plantado el Orsini, cabeza abajo y hasta medio cuerpo, en el suelo rocoso, como invertido árbol cuya raíz quemaban las llamas en lo alto. Bailaba así, a medias sepultado, la loca giga de los simoniacos. Del complejo suplicio da datos suficientes el canto decimonono del libro principal que escribió por entonces el citado poeta.

LA MUJER Y EL DIOS

LA MUJER sintió infinitamente adherida a su paladar la áspera materia del sufrimiento.

Habían pasado días, estíos, lunas, y Leza, el Gran Hostigador, había golpeado una y otra vez sus entrañas. Estaba en pie, desnuda bajo la luz apenas salida de la mañana. Habían pasado noches, animales feroces orillando el poblado en la oscuridad, pero Leza el Acosador era el único que una y otra vez había hincado el colmillo sangriento en lo que amaba. ¿Por qué? La mujer sólo sabía el nombre del dios, y los ancianos de la tribu le habían explicado con palabras cuyo sentido no pudo comprender que él era el que acosaba a su grado; los huesos del hombre jamás podrían resistir la presión de su mano.

Como la lluvia hizo el dios no visible caer el sufrimiento y como un pájaro muerto la maldición. La mujer no podía rememorar, porque el dolor era toda la materia de la memoria. Vio los grandes árboles, el impenetrable espesor de la selva, el río engendrado por la gran serpiente, el cielo en lo alto. ¿Se alojaba allá arriba el Gran Hostigador?

Volvió a ver, remotos ya, borrados por el tiempo,

los cuerpos de sus padres dispuestos para el ritual. Murieron después las hermanas y hermanos de sus padres y los hijos de éstos. Los ancianos le hablaron con palabras indescifrables del Gran Hostigador. Después conoció a un hombre y se llenaron las yacijas de la choza de una poderosa luz. Tuvo hijos de él y pensó entonces que no sólo habitarían los muertos su memoria sino los hijos de la vida o de la luz. Pero Leza, el que acosa y golpea a su grado y tiene una coraza impenetrable con capas de día y noche intercaladas hasta más allá del tiempo y del mar, la hirió de nuevo y murieron el hombre y los hijos del hombre y el amor con ellos y las formas visibles de su perduración.

La desgracia era como hojas masticadas, como saliva amarga, como tierra arcillosa en el paladar. La mujer estaba en pie, desnuda, y quiso interrogar al dios. En lo alto, en el cielo luminoso y cerrado, se escondía el invisible Hostigador.

Durante muchos días y noches enlazó troncos de árboles ligeros hasta hacer una escalera altísima para llegar al dios. Luego trepó por ella, pero a medida que ascendía los árboles se doblegaban suaves bajo el peso leve de su cuerpo y describían un arco delicado cuyo extremo volvía hasta la tierra original.

La mujer miró al cielo con amargura. Un ave surcó el espacio rauda, alejándose hacia el horizonte. La mujer la siguió con la mirada y vio que en el horizonte el cielo y la tierra eran una sola línea, firme, seguida, y no había entre ellos separación. En el lugar donde el cielo y la tierra se unen — pensó la mujer — será fácil alcanzar al dios.

Al día siguiente empezó a caminar. Anduvo llanazos polvorientos y praderas verdísimas, montañas calcinadas y bosques donde no penetraba el sol. Bordeó las fauces del león, la solapada quietud del cocodrilo, la pupila de la serpiente voraz. Iba siempre hacia el horizonte, donde entre cielo y tierra no hay separación.

Un atardecer, a orillas de un río inmenso, encontró a un anciano. Se detuvo a su lado, estuvo mucho tiempo en silencio y luego, en una lengua extraña que nunca había hablado, ella misma empezó a contar adónde iba y por qué quería interrogar al dios. El anciano la miró sin sorpresa. Le dijo que era inútil su camino, que el dios iba sentado a lomos de cada hombre, cabalgaba en su espalda sin abandonarlo nunca y sin dejarse ver. Sólo entonces la mujer entendió desde el fondo de su memoria el nombre indescifrable de Leza, el Gran Hostigador.

Después se sentó en silencio, al lado del anciano, junto al río sin término, y así permaneció durante muchos días, noches, estaciones, soles y lunas y tiempo innumerable, a orilla de las aguas que se iban llevando su transparente imagen hacia el mar.

EL VAMPIRO

LOS VELATORIOS eran pan de cada día y profesión segura de la noche. Si nos acostábamos era para yacer sodomizados por un muerto frenético. Mejor era velar. Mejor era cabecear entre marejadas de sueño, vestidos de rígida y enlutada pana, en las largas horas inmóviles que no anunciaban el alba. Mejor era velar.

Pobre era el difunto. No había corrido apenas entre los parientes el áspero vinazo que mancha de tanino las tazas y la lengua ni el seco aguardiente destilado en la bodega familiar. El resto de la casa dormía. Del cielo habían caído pesadamente sapos destripados. Pero ya la tormenta parecía ceder.

El velador miró al muerto con atención. No lo había hecho hasta ese momento. ¿Era esa mirada un signo de debilidad? Comprendió que estaba cansado. Pero también el muerto daba señales de fatiga y de la larga progresión de la noche. La barbillera mal ajustada dejaba caer a un lado la quijada, y la boca se entreabría levemente como en un clandestino intento de respiración. Habría que rehacer el nudo, apretar las mandíbulas. Pero no ahora. Esas operaciones no son en el fondo cosa del que vela y menos de quien vela a solas como velaba él.

Lo cierto es que la desajustada barbillera daba al rígido rostro una rara libertad. ¿Intentaría acaso respirar o reír? Pensó también que los dientes del muerto podían castañetear de frío. El calor, sin embargo, empezaba a ser agobiante. Era como si el tiempo no transcurriese y quedara depositado en la sala misma oliendo a tiempo estancado, corrupto. Había sido necesario cerrar el ventanal. La lluvia caía como a mazazos, como llena de limo de un cielo empantanado, de un cielo de lodazal. Las moscas, atontadas por la tormenta, se habían pegado al techo, a las paredes, a la mugrienta pantalla de la luz que giraba empujada por el aire caliente de los velones.

El calor era húmedo y gelatinoso, se adhería a las encías al respirar. Pensó que los dientes del muerto podían castañetear de frío. Olía a tiempo estancado y corrupto. Era agobiante el calor. Pensó que la mosca, entre pardusca y verde, posada en la mortaja, nunca se movería del mismo lugar. Pero la mosca avanzó a trechos infinitamente pequeños o a intervalos de infinita duración. Subió hasta la altura del pecho, hasta los hombros, hasta el barboquejo al fin, que abandonó para deslizarse con un movimiento casi inmóvil hasta la piel del rostro, muy cerca de la boca o en la comisura misma de los labios, donde quedó rígida, tensa, como en una infinita succión.

El velador estaba paralizado. Comprendió que el gesto de la liberada mandíbula del muerto era un gesto de asco, de náusea, de irrefrenable repulsión. Y vio cómo el cadáver, apoyándose lentamente sobre el lado del corazón, sacaba la cabeza del ataúd y vomitaba sin término un líquido viscoso, negro e invisible.

Salió el velador ebrio a la noche. La lluvia caía aún espesa como lodo, llena de sapos reventados, de fláccidas arañas celestes. Sintió que sus entrañas se iban llenando de un líquido purulento, negro e invisible. Sintió una inagotable sed. Bebió de bruces el lodo ensangrentado. Luego, en un sopor parecido a la muerte, comprendió que ya no podría morir.

LA CEREMONIA

YA ESTABA TODO DISPUESTO cuando los invitados llegaron. El huésped los distribuyó en un orden cuidadosamente aprendido. Había algunos falsos comensales de cartón piedra para cubrir vacíos. Eran figuras articuladas, con un ligero movimiento pendular en la cabeza, y producían a discretos intervalos una leve imitación de tos aseverativa. Cuando los invitados se sentaron, la dueña de la casa seguía aún riéndose de algo dicho antes del comienzo de esta narración. La risa duraba ya unos minutos. El huésped miró el reloj con inquietud. La risa comenzó a prolongarse como salida a chorros de sí misma. Luego se hizo entrecortada. Entre contracción y contracción, la señora barbotó una disculpa. Todos los invitados sonrieron para vestir de naturalidad el suceso. Los comensales de cartón piedra emitieron puntuales un sonido levemente parecido a la tos. Mientras la señora salía del comedor tapándose la boca con la servilleta, los invitados sonrieron aún vueltos hacia el huésped, que había puesto en marcha un cronometrador y seguía con la cabeza levantada el vuelo invisible de un moscardón. Las risas fueron apagándose. Pasaron cinco minutos y dos décimas de concentrada expectación. La puerta del comedor se abrió de pronto y entró una sirvienta con una enorme bandeja en cuyo centro había un objeto de color grisáceo y del tamaño de un puño. La sirvienta se detuvo y dijo con una mezcla grata de solemnidad y dulzura:

—La señora ha puesto un huevo otra vez.

A MIDSUMMER-NIGHT'S
DREAM

—LA ARAÑA estaba en el centro de la habitación, hermosa y hórrida a la vez. Llovía tanto que al amanecer del día siguiente vinieron río abajo troncos inmensos, animales hinchados, entre el lodo amarillo de las tierras de arriba. Pero eso fue después, cuando del horror de la noche guardaba la mañana solamente residuos. En cambio ahora todo comenzaba como si no fuese a tener término jamás. Yo sabía que la noche era propicia; por eso la araña estaba allí. Lo había oído contar muchas veces, siempre afectando naturalidad; la escena, pues, no era imposible para mi imaginación. Al fin la araña estaba allí y me pareció repugnante. La luz de la habitación, aún encendida, caía desde arriba confundiendo aquel cuerpo con su sombra. Un cuerpo ancho y peludo. Así lo vi. La araña se movió y con ella su cuerpo incalculable. Había entre movimiento y movimiento extensiones inmensas de inmovilidad. Yo hubiera querido gritar. Cerré los ojos. Sentí, tendido boca arriba, cómo se apagaba de golpe la luz. Después, el contacto de aquel cuerpo peludo en mis piernas heladas. Luego en el sexo, donde se aferró. La respiración se quebraba en astillas agudas. Pensé que la araña, ebria de sangre, se desprendería de mi sexo para morir. Mas la lengua prensil subió hasta el vientre, tentó tenaz el pecho, vino a mi boca, y allí sentí al fin como un coágulo de calor purulento su ajena densidad.

»Desde entonces — añadió, después de humedecer los labios temblorosos en el líquido helado que empañaba su vaso — nunca he vuelto a yacer con mujer.

EL MONO

Cuando yo regresaba, a las cinco y cuarto, había siempre en el descansillo un mono. El mismo mono siempre, un mono grande, con el pecho huido o raquítico y en la piel una rara palidez. (Los monos se masturban como monos, pensé; pero quizás éste haya sido víctima de alguna forma de deseo semihumana o atroz.) Al principio me extrañó su presencia. Dejé luego de prestarle atención, con el egoísmo propio de las gentes que ya no viven en mi país y han desarrollado hábitos extranjeros de impremeditada crueldad. Pero yo no podía darme cuenta entonces de esta insensible pérdida de nativas virtudes ni considerar al mono más que como un elemento no insigne o pronto olvidado de la situación.

En esa época yo era escritor. Es decir, había conseguido después de un largo aprendizaje físico llegar a ciertas formas de retracción espiritual en las que podía combinar de modo casi automático una serie de palabras de categorías gramaticales distintas, previamente escogidas en el diccionario como materia de visión. Las composiciones resultantes imitaban en su estructura interior formas geométricas sagradas, como el cuadrado o el círculo, y se ajustaban a ellas con helada perfección.

Esos objetos, que podrían considerarse en cierta medida como derivativos de un antiguo arte de la poesía ya caído en desuso, suscitaron un efímero fervor en lo que no cabría llamar sus lectores sino sus observadores, muy pocos por lo demás. Lo cierto es que este trabajo inútil me absorbía, sobre todo en las noches de invierno, y me retenía a veces hasta el amanecer. Todavía ahora, al evocar la mágica y perfecta combinación mecánica de las palabras solas, olvido al raro personaje que me ha movido tardíamente a escribir. Había, en efecto, como al principio dije, un mono grande, persistente, puntual. Pero yo, escritor de cuadrados, de formas pentagonales secretas, de congelados símbolos geométricamente proyectados en el plano venerable de la significación, cerraba la puerta al mono, ya apenas sin relieve para mí.

La situación se prolongó algunos meses sin que el egoísmo me permitiese percibir realmente su extrañeza ni su insólita duración. Sólo después de bastante tiempo el mono habitual se hizo otra vez visible. Un día, a la hora de siempre, dio inquietantes síntomas de irritación. Entonces me fijé en él. La palidez se había acentuado y el huido pecho se estremecía en un esfuerzo que llegaba hasta el cuello peludo y daba en las fauces una resonancia gutural. Instintivamente saludé.

Desde aquel día todo empeoró. Los síntomas de irritación crecieron en el raro animal. Yo cerraba mi puerta mascullando un saludo, mientras el mono acrecía su estatura, se empinaba sobre sí mismo, se daba golpes ostentosos en el pecho e incluso llegó a toser. Esto me preocupó. La tos es un signo monstruosamente humano, como el ronquido indigno de los moribundos, llamado en lo poético antiguo estertor.

Al fin, la situación, ya insostenible, estalló. Una tarde, antes de que me fuera posible cerrar la puerta, el mono grande interpuso su pálida pezuña y entró. Yo no sabía qué hacer para no dar muestras científicamente inaceptables de ningún tipo de discriminación. Tengo la impresión de haber estado cortés. Pero el mono inició una extraña serie de gruñidos y toses entre los que, de pronto, reconocí con asombro fragmentos perfectamente identificables de humana voz.

La bestia describió varios círculos convulsivos a mi alrededor. Extrajo luego de su peluda cobertura dos de mis composiciones, las agitó agria y amenazadoramente a la altura de mi nariz, las arrojó al suelo, se masturbó frenética sobre ellas hasta chorrearlas de un esperma infeliz, se descompuso, se desarticuló, quedó entre fofa y fláccida mirándome, como en espera de algo, con infinita ansiedad.

Sólo en ese momento interminable comprendí que todo era una angustiosa provocación. Entonces mi egoísmo se disolvió. Volvieron repentinamente a mi ser las nativas virtudes y con premeditada caridad grité colérico:

—¡Idiota!

Una lágrima humedeció los pitañosos párpados del mono. Me miró con infinito reconocimiento y se fue.

MI PRIMO VALENTÍN

MI PRIMO VALENTÍN, Valentín Israel Valente, ha perdido una oreja en Caracas. Ay, Valentín, Valentín Israel, eres tan terco que llegarás a célebre, dicen que le decía mi tía Rebeca sabe Dios dónde y tantos años hace. Valentín Israel ha llegado a la celebridad con una oreja menos.

Yo no sé cómo ha ido a parar mi primo a Caracas. Aunque de ir a dar a Caracas qué culpa tiene nadie, y menos gente como la de su tierra y estirpe, nacida para la dispersión. Sería difícil reconstruir tantos lazos de familia perdidos desde la diáspora de las juderías del Miño, de las que a lo mejor llevaba sangre don Benito Spinoza y cuánta gente más. Luego se fueron para toda la tierra. ¿Era la rama de mi primo de Ribadavia donde aún queda, sonámbula y perpetua, la judería? Los naturales dicen poco ese nombre de lugar. Le llaman la «vila» (¿residuo de la mención de Roma como «urbs» o signo y noción de la ciudad absoluta, de la ideal Jerusalén?).

Muchos se fueron, como dije, para toda la tierra. Pero tú, Valentín Israel, qué haces en Caracas, trasteando tan antiguas sustancias en esas latitudes. Supe

49

la noticia de tu desorejamiento (¿fue la oreja derecha?) por la prensa, Valentín Israel. Ya sabes cómo hoy corren las noticias. Y ya sabes también con qué menguada averiguación las hacen circular.

Luego llegó tu misteriosa carta y todo lo entendí. Cómo iba a rebanarte con precisión tamaña un équido, probablemente andrógino (aunque la prensa hable de una yegua), el reseco cartílago, que siempre tuviste, verdad es, un poco despegado y caedizo como abanico colgón.

Bien sé que tú lo viste desde el primer momento. El ángel estaba literalmente pegado a la esquina, disimulando alas y plumaje, pálido entre tantos bocinazos del tráfico y aterrado por la situación. Sin embargo, nadie había reparado en él. Nadie. Y es lógico. Quién va a ver un ángel en Caracas.

Pero nosotros, Valentín Israel, somos demasiado viejos para dejar escapar a un ángel. Lo viste de inmediato, casi reducido a una sola dimensión, pegado como un cromo a la pared de un edificio de veinticinco pisos.

El tráfico arreciaba y los bocinazos arreciaban, porque había un embotellamiento monstruo, y el ángel aterrado no sabía si aquello era Caracas o era Nínive o si había llegado el día del Juicio Final. Intentó escurrirse, pegado a la pared, rascacielos arriba, y entonces, justo entonces, al moverse invisible, fue cuando tú lo viste. Tu mirada lo penetró con tal ardor que se sintió poseído en el centro mismo de la especie que en sí solo agotaba. Se sintió poseído, desnudo, a punto de perder su inocencia. Y en ese instante, antes de que tú pudieras hacer un solo movimiento, replegó contra la pared sus alas poderosas y dio un brinco para transformarse, antes de tocar de nuevo el suelo, en un équido andrógino uncido con aparente indiferencia a un carretón de frutas.

Pero a ti, Valentín Israel, cómo podía engañarte. ¿Acaso no sabía él las letras de tu nombre?

Fue entonces cuando el amigo que te acompañaba, profano y grueso en estas cosas, apostó sobre el sexo del équido. «Andrógino», tú dijiste. Y él, a carcajada batiente, dobló, triplicó la apuesta. No, tú no debiste hacer nunca lo que hiciste luego, porque tampoco tú, menos que nadie, podías ignorar la cólera del ángel. Meter la cabeza, inquisitiva y terca, entre las piernas de la supuesta bestia fue imprudente. Resopló el ángel con ira y, prevaliéndose de la enorme dentadura que su forma equina le prestaba, rebanó en seco con chasquido siniestro tu indefensa oreja. Tus ojos se nublaron de dolor. Quedaste sordo de sangre.

Al recuperar sentido estabas ya en la clínica de urgencia. Valentín Israel, la prensa dijo luego que habías sido víctima de una mordedura de yegua. Porque ¿quién en Caracas podría ver a un ángel?

Te ruego, en fin, que me des nuevas, Valentín Israel, de tu celeste herida.

LA MANO

La mano recorría mi nuca una y otra vez, suave y pesada a un tiempo como una enorme losa blanda. Yo tenía doblada la cerviz, puesto de bruces sobre la portezuela del confesonario. Me dolían los músculos del cuello en un ímprobo esfuerzo por no hundir más la cabeza en el negro interior y por no retraerla abiertamente de la mano que recorría implacable mi nuca y me traía, en definitiva, el perdón.

El afecto de la reconvención, de la llamada al bien, me avergonzaba. La duplicidad de mis sentimientos, la insoportable tensión de los músculos del cuello, el sudor pegajoso que invadía mi cuerpo y cosquilleaba en mis axilas, me avergonzaban. Hice un esfuerzo por sentir de manera más neta el arrepentimiento. Pero la mano, blanda y pesada, caía como algodón de plomo sobre mi nuca, la recorría a intervalos cada vez más cortos, doblegaba los músculos, hacía que mi cuerpo entrara cada vez más en lo oscuro. Y allí no veía nada. Oía sólo una voz carnosa y sentía la imperativa suavidad de la mano implacable.

Visto desde fuera, mi cuerpo debía de parecer el

de un guillotinado por los hombros. Me avergonzó este innoble pensamiento, diabólica señal de cuanto en mí podían los respetos humanos. Traté de hurgar aún más en el fétido saco de mi conciencia. Declaré al fin lo indeclarable. La mano se detuvo sobre mi nuca, apresó como garra de suavidad firmísima mi cuello, hizo crujir mis huesos. Sentí vértigo, sentí cómo me hundía más y más en el arenal movedizo del perdón que todo lo absorbía, sentí vergüenza y asco de mí mismo, sentí arrepentimiento, sentí el sudor llegar hasta mis ingles. Los músculos del cuello habían abandonado toda resistencia. Cesó el pensamiento, la respiración se hizo lenta y difícil; traté de ingerir aire, pero no pude, pues el borde de la portezuela se clavaba en mi pecho.

No, no podía recordar cuántas veces. Comprendía que era necesario, pero no podía. La voz carnosa me entraba ya por la boca, aliento arriba, se pegaba a la tráquea, me oprimía el estómago, resonaba de pronto con volumen de órgano en las cuevas del vientre, penetraba como flauta o cuchillo en los recónditos puntos germinales.

No, no había estado yo hermoso, con la hermosura falaz del pecado, como la voz decía, sino simplemente desnudo, desmedrado y ridículo, y nada había salido bien. Sólo después, más tarde... Más tarde, más tarde..., ¿pero cuántas veces? Intenté numerar la culpa por la intensidad del placer en el recuerdo y un pelotón de imágenes diabólicas se coló de rondón en mi cerebro. Es peor, es peor, gemí impotente. Pero la mano me sujetó con firmeza y recomenzó eterna el cervical recorrido.

Mi cabeza se hundió definitivamente en lo oscuro. Comprendí de pronto que la tenía metida en un enorme embudo, al final del cual, como al fondo de un largo túnel, vi un círculo de luz. Y vi en el círculo un can peludo con dos lenguas de fuego que se abalanzaba sobre un cuerpo, el mío, y me devoraba las entrañas. Sentí una enorme laxitud y oí con serenidad la fórmula inmerecida del perdón.

Minutos después, mecido por el órgano, avancé sacrílego entre las filas de los congregantes, seguro al cabo de mi condenación.

INFORME
AL CONSEJO SUPREMO

Por último, para cerrar la vigesimotercera sesión secreta del Consejo Supremo de Historiadores Unificados, el Secretario General dio término con estas palabras a la brillante presentación de su informe:

—Se trata, en fin, de evitar con cuidado los errores citados. No olviden jamás nuestros colegas del Supremo que nuestra ciencia no ha de dejar brechas al rigor malsano de los tergiversadores. Nuestra ciencia es la ciencia de la forma perfecta que ya agota en su plenitud toda posible revisión futura. La Historia, al fin, jamás podrá reescribirse. Ciencia y verdad se funden. Las rectificaciones cíclicas, todavía existentes en las etapas previas a la consolidación del poder absoluto de dirigir la Historia hacia el futuro que ese mismo poder engendra, han terminado. La ciencia ha liberado así al hombre de la melancolía, de la vacilación y del arrepentimiento, lacras de un pasado cuyos residuos entorpecían aún la marcha irresistible hacia el progreso.

»Nuestros colegas del Supremo han estudiado en particular el grave error que nuestros predecesores cometieron al perpetuar en formas variadas la acción funesta de los refutadores. Se han analizado ejemplos suficientes de esa función nociva en escuelas antiguas. Pero nuestro inmediato pasado no estuvo exento, por desgracia, de lo que el Secretario Adjunto, con frase memorable, llamó en su día «la falacia objetiva de los refutadores». Lo que está en contra de la Historia no necesita ser refutado, pues no existe. Tal es nuestro postulado de base. Lo que está en contra de la Historia carece simplemente de testigos. He ahí un enunciado práctico, y por consiguiente menos matizado, de la ley precedente. Si he recurrido a esta frase que en su pura textualidad podría prestarse a equívocos — si bien no entre nosotros — es con el fin de dar toda la inteligibilidad necesaria para su recto y total entendimiento al principio de la no-existencia-de-la-contrahistoria.

»Papel de testigo involuntario hicieron ya desde antiguo los refutadores. Nuestros distinguidos colegas han analizado hasta la saciedad ejemplos vetustos de épocas propiamente no históricas. La Iglesia, institución especialmente interesante para nosotros, ya que podemos estudiarla en un desarrollo de muchos siglos y desde su nacimiento a su extinción, nos brinda materiales de interés manifiesto. No hemos de cometer nosotros los burdos errores en que necesariamente hubo de recaer una institución cuya capacidad para fundirse con el poder absoluto de dirigir la Historia nunca pudo llegar a ser — por conocidos vicios de origen — enteramente desarrollada. De tales instituciones heredaron las escuelas y los Estados premodernos el método ambiguo de la refutación, sustituido en las últimas y contradictorias etapas de una penosa marcha hacia la ciencia de la Historia absoluta por el de la autocrítica o *refutatio adversus se ipsum* que escondía, acaso de más refinada manera, la noción regresiva de arrepentimiento y cuyo ejercicio iba acompañado con frecuencia de secreciones humorales debidas a procesos concurrentes de sadocomplacencia.

»Nuestros colegas del Supremo no han querido analizar fenómenos de proximidad temporal relativa para no perturbar, con datos cuya exhumación y tratamiento científicos todavía han de ser completados, la atmósfera serena de nuestros debates. Pero basta la consideración de los muchos casos remotos que el Supremo ha desmenuzado en sus más oscuros avatares para tener la certeza de que las filas de los refutadores llegaron a alojar, gracias a la anticientífica ambigüedad del sistema mismo, servidores encubiertos de la contrahistoria, que consiguieron así, en paradoja hoy impensable, hacer existir la no existencia. Tal es el flagrante caso de Ireneo, que en su *Anatropé tes pseudonimou gnoseos* engendra, en el seno mismo de lo que fue por eso una Historia abortada, la no existencia de Valentino y Ptolomeo, pertrechándose a ese efecto con la grande artillería de los refutadores de la gnosis. Más flagrante y más grave fue el caso de Cirilo, obispo, que creó para refutación de los alejandrinos el hermoso y deseado cuerpo no existente de la virgen neoplatónica Hipatía y desencadenó luego el furor sexual de los cristianos que la despedazaron. Así la no existencia pudo hacer planear sobre el hombre la red sutil de su vacío desde los umbrales de la Historia misma.

»Fuera de duda está, por consiguiente, que nosotros nunca dejaremos un cuerpo tal flotar desconcertado sobre nuestros destinos. Sabemos hoy que no entrará cuerpo alguno en la unificada consolidación de lo sólo existente que no sea ya cuerpo positivo, bien público, estatua pública. De ahí la prodigiosa proliferación de estatuas, orgullo justo de un tiempo como el nuestro, distinguidos colegas del Supremo, que ha sabido abolir la incertidumbre. De ahí también, distinguidos colegas, que nuestros Educadores Unificados hayan sabido, como jamás habría sido posible en las eras propiamente no históricas, componer con precisión inigualable en el niño de hoy la estatua de mañana.

»La era de la refutación de lo nunca existente ha sido dichosamente superada. Estamos en la era de la Historia absoluta, generadora del poder que a su vez la genera. Nuestro tiempo desconoce la debilidad y el arrepentimiento, pues es todo futuro ya cumplido, forma acabada, eticidad positiva. He dicho.

EL ALA

EL VISITANTE había entrado. No podría decirse que hubiera habido error. Pero el hombre no lo conocía; estaba seguro. A lo más que podía llegar era a identificarlo como una de esas personas de las que se tiene la impresión falsa, a sabiendas, de haberlas visto en alguna parte otra vez. Pero estaba seguro de no haberlo visto antes. Tampoco ahora podía decir que lo hubiese visto por entero. Era, para materializar de algún modo la huidiza imagen, como si el inopinado personaje hubiese acertado a mantenerse ofreciendo exclusivamente el perfil. La escena resultó, por su misma rapidez, embarazosa para él, aunque no para el visitante que parecía desenvolverse con soltura y naturalidad.

No recordaba qué había dicho el recién llegado cuando él abrió la puerta, después de haber sonado el timbre con insistencia bastante para hacer suponer una presencia familiar. Por eso le produjo perplejidad encontrarse al abrir con un desconocido, aunque debía confesar que el recién llegado no le pareció totalmente desconocido, y esa misma ambigüedad de su reacción le impidió prestar atención verdadera a las primeras palabras de aquél. ¿Pronunció realmente su nombre o dijo sólo un nombre parecido al suyo que él mismo entendió mal? ¿Qué quería? Claro que él no preguntó qué quería. Tal y como sucedieron las cosas habría sido brusco o manifiestamente descortés. Hubo a todas luces el supuesto tácito de un reconocimiento o una presentación. No podía precisarlo. Algo así tuvo que ocurrir para no haber violencia en la entrada ni en la corta visita ni en la salutación ni en el adiós. Pero ¿a qué había venido entonces?

La figura del visitante era alargada y suave, eso sí podía recordar. Parecía estúpido que un minuto después una escena probablemente falta de sentido se resistiese a su reconstrucción. Acaso — pensó — por esa misma falta de sentido. Podría haber sido un propagandista religioso o un agente de seguros o cualquiera de los infinitos seres ante los que desarrollamos defensivamente una sordera entre egoísta y cruel. Tal vez todo había sido un simple error. No; era necesario descartar el error. El visitante — eso sí recordaba — se desenvolvía sin violencia ni brusquedad, pero con precisión. Se preguntó por qué él mismo no había tratado de hablar o de dilatar con algún pretexto lo hablado para indagar la causa, la razón. Tampoco era ésa una pregunta lógica, pues no había habido en rigor contexto oral, sino un torpe esfuerzo, por su parte, de identificación y las aclaraciones del visitante, acaso en otra lengua, que no conseguía ahora recomponer.

De pronto la escena pareció borrarse. Mejor, pensó. Como si nunca hubiera tenido lugar. Hizo un último esfuerzo sobrehumano para desprender aquel objeto de doble filo, curvo y delgado como ala o alfanje, que se le hundía en el pecho con implacable suavidad. Luego dejó caer pesadamente la cabeza en la alfombra cruenta donde su cuerpo yacía y expiró.

SOBRE EL ORDEN
DE LOS GRANDES SAURIOS

Sí, el problema eran los reptiles. El problema era que bajo la masa compacta del sueño algo reptaba desplazando el cuerpo del durmiente. (Tres veces, en el breve plazo de una semana, había amanecido el que esto escribe con el lecho corrido cinco centímetros a la izquierda de su posición original.) El problema era el leve desplazamiento de las plataformas fijas o la ondulación súbita y apenas perceptible de las superficies planas. Hizo, pues, anotaciones y tomó medidas. La realidad del fenómeno era irrebatible.

Consultado en secreto el amigo más íntimo, obtuvo de éste un análisis preciso de su caso, manifiesta recaída en cenagosas formas de egocentría y de culpabilidad inaceptada, con la inestabilidad y el desequilibrio consiguientes. En el fondo, el caso no era grave. Por supuesto, no merecía la pena dejar constancia escrita ni recurrir a instancias oficiales. Los trámites podían ser largos. Resultarían además, según su amigo dijo, claramente superfluos. El asunto quedaría entre los dos.

Se trataba, en resumen, de una crisis benigna del

instinto de participación, que la reinmersión progresiva en el trabajo colectivo sin duda alguna resolvería. Era innecesario con persona de honestidad y adhesión tan probadas poner en marcha más complejos mecanismos o pensar en el posible recurso a las grandes medidas. No se le pasaba a su amigo idea tal por las mientes. Y él comprendió que su amigo tenía razón, como siempre pasaba.

Vino, en fin, la primera reunión de comité ampliado y con ella el deseado cauterio que la acción colectiva daría a sus problemas. Todo fue bien en un comienzo. La argumentación del orador era perfecta, su exposición sin quiebras, sus conclusiones firmes como rocas. Se sintió consolado. Buscó con gratitud el rostro de su amigo y encontró en él una mirada de seguridad y de asentimiento. Luego sus ojos se volvieron, ya con la sola luz de la inocencia, al milagroso hablante. Sólo entonces se fijó en la rara forma de su boca, en la elasticidad de sus mandíbulas, en la aplanada contextura de su frente, en el bífido corte de sus frases. Comprendió la verdad. Ni un solo gesto involuntario traicionó en su rostro esta visión helada. Se sentía tranquilo. Al fin — pensó — uno de ellos está en la superficie.

Al terminar la reunión, su amigo se acercó con entusiasmo y musitó en su oído:

—Ves, todo tenía que terminar bien, como te dije.

No trató él de encontrar una respuesta, porque en realidad no había ni se esperaba una respuesta. Algún tiempo después, el tiempo de observación que en casos como el suyo la costumbre imponía, se propuso su ingreso en una institución psiquiátrica, donde ha trabajado desde entonces, aislado de todo, sobre hábitos de alimentación del orden extinguido (según fuera postulan) de los grandes saurios.

DISCURSO DEL MÉTODO

EL TIPO se daba grandes manotazos en el cuello, sobre sebo y sudor. Anduvo de un extremo a otro el cuarto, muchas veces, sin que la mujer hiciera nada más que llenar mecánicamente el vaso único donde bebían los dos.

—No pongas más — dijo él.

—No — respondió la mujer.

—¿Sabes? Todos suelen morir bien. Como merecen, claro está. Los pones con la vela en la mano y de rodillas. Un cabo de vela, nada más. Pero puede durar. Eso depende de lo que les des. Y también de si lo inclinan con el temblor y el miedo, y la cera se come de lado y deja la mecha al aire y así arde más y se termina antes y entonces se acabó. Los mandas mierda abajo de un solo tiro en la cabeza, y ya está, aunque ellos quisieran hacer arder sus propios dedos con la cera pegada al vivo y la llama ya muy pequeña y azul. Cuando huele a carne quemada es la señal del fin. Dirás que por qué no hacerlo antes, pero no es lo mismo. Antes no les importaría morir. Así es distinto, digo yo. Y además se sabe: no es igual. Así los que aún andan sueltos aprenderán. Eso

es la metodología, como dice el patrón. Y es verdad.
Esos tipos son pura mierda y si a mí me dejasen todo
iría rápido y mejor. Pero hoy ha ido mal, muy mal.
La culpa fue mía y no me gusta. Los que enganchemos
después verán. Pon más ahora, porque ya se me pega
la boca de hablar. El tipo no cantó. Y ya se veía que
cuanto más le daban menos iba a cantar. Pon más;
ya basta así. Así que lo pusimos de rodillas y le dimos
la vela. Estaba temblando, pero no cantó. Hasta ahora
todos se quedaban de rodillas: algunos gimiendo,
otros mirando la vela, estúpidos, como si la llama
no se fuera a acabar. Pero todos cuidaban la llama,
porque saben que cuando la llama se acaba... ¡zas!
Pues éste estuvo fijo al comienzo, con los ojos locos.
Luego empezó a temblar. Le dije que si se le caía
la vela había terminado, pero no paraba de temblar.
Miré a González, que allí estaba, y le dije que hoy
poco habría que esperar. Y hubo poco, pero no como
imaginábamos, porque con los otros nunca habían
sucedido las cosas igual. Y cómo se te va a ocurrir.
Pues el tipo de pronto, sin dejar de temblar, se levantó muy pálido. Le dije que si lo empujaba y se apagaba
la vela ya nada habría que hacer. González quería ba-
jarlo a golpes, pero yo le dije que no. Era una cuestión personal. De pronto, el tipo dejó de temblar y
me miró de cara. Con los otros nunca había sido

así. Yo lo tenía de frente, bien encañonado, y él no dejaba de mirar. Yo también lo miraba y aún no sé por qué. Parecía de repente tranquilo y respiraba bien. González quiso intervenir, pero yo le dije que no. Era una cuestión personal. El tipo me miraba y yo también. Luego levantó la mano despacio y puso la palma sobre la llama, tranquilamente, y la apagó. Yo disparé. Como si él me hubiese mandado. Y eso es lo que no me gusta. Además estaba González, lo cual quiere decir que todo el mundo lo vio. Los que enganchemos después verán. Como si el tipo me hubiese mandado. A mí. También lo sabrá el patrón. Y ahora pon más, si quieres, porque ya se me pega la boca de hablar.

La mujer, sin responder, inclinó de nuevo la botella sobre el vaso único, y ella, antes que él, bebió. Después se dejó caer en la cama revuelta, mirando al hombre, con las piernas abiertas, como en señal de amor.

EL FUSILADO

El HOMBRE miró a la muerte y blasfemó bronco. Tenía las manos atadas con dureza a la espalda. Todavía su cuerpo olía a cosa montaraz, y con el pelo enredado o casi virgen se mezclaban aún fragmentos de naturaleza vegetal. La caza había sido larga. Miró pues a la muerte y escupió. Había detrás de él un muro bajo con lagartijas rápidas, eléctricas, que súbitamente se aquietaban al sol. Y el sol era ese estallido escandaloso de la luz que ciega o que disuelve lo visible. El sol era como metal duro que cortase los ojos en la misma raíz de la mirada. El hombre estaba ahora en pie con el muro bajo detrás, donde irían a rebotar las balas secas e inútiles, las que él no hubiese retenido en su cuerpo de animal apresado, que era todo lo que había que destruir.

Así pues, se dijo, ésta es la hora. Hizo un esfuerzo para distinguir contra el sol a los soldados del pelotón, al oficial que lo había golpeado hasta la sangre y dirigía ahora el gran concierto. Así, ésta es la hora. Comprendió que todo el argumento estaba dado y no era más que un hilo firme, tendido ya desde el cañón recalentado de los fusiles hasta su propio corazón.

Y el corazón batió como animal de muchas alas. Un hilo firme, dijo. ¡Si alguien pudiera cortarlo!

De pronto notó que entre las ligaduras que maceraban la carne todo su ser adquiría una brusca flexibilidad. Empezó a retorcerse con cuidado, despacio, como disfrazando el movimiento bajo su aparente rigidez. Sonó una voz de mando y el pelotón, mecánico, compuso su estúpida figura para el gran final. Pero el hombre sintió como si pudiera resbalar no ya de las cuerdas atenazadoras, sino de su propia piel, de sus huesos quebrantados, de los andrajos que la sangre pegaba al sudoroso vello de su pecho. Hizo un último esfuerzo. Se sintió recorrido de una sangre distinta, sujeto a un hilo diferente, y vio ante sí sus propios pies, sus botas reventadas, destripadas, vencidas, y al pie de sus botas, ante su propio cuerpo rígido y erguido, estaba él, él mismo, como un gran lagarto verde y otro hilo lo ataba — comprendió — al siemprevivo centro de la tierra. Sonó al fin, obscena, la descarga. El lagarto corrió, magnético, invencible, sobre el muro quebrado y vio su humano cuerpo en pie, rígido, no caído, victorioso, como una estatua, contra el gran final, mientras el pelotón retrocedía con un grito, como otra descarga, opaco, de terror.

EMPRESA DE MUDANZAS

—Ahora ya estaréis contentos. Se os ha caído por la ventana. Nadie creerá que se ha caído. Y vosotros, como burros, venga a darle vueltas, sin fijarse siquiera en la ventana. Ya os lo tengo dicho: una cosa es una cosa y otra que el saco se os vaya por la ventana sin necesidad. Y desde un séptimo a la calle. Como si eso pudiera no verse. Luego vienen las historias y las explicaciones y todo lo demás. Con desprestigio del gremio. Sois como burros. Y ya os lo tengo dicho. Pero nada. No hay nada que hacer. El otro día mismo os lo estaba diciendo: no hay que agitarlos así. No os digo que los tratéis como personas. Eso no. Pero hay que tener cuidado. De un séptimo a la calle. Como si no se viese. Ahora uno a sacaros la mierda de encima. Hay que ir siempre con mano más segura, hijitos. Todo sale mejor y se hace menos el burro. No hay que zarandear el saco cuando no hace falta. Ni darle más vueltas cuando así se retrasa todo. Hay que ir asegurándose poco a poco y, si es posible, hacerlo sin que se rompa nada. A veces no hace falta. Y si se rompe, que se vea poco. A veces son pesados, pero vosotros tenéis las cuerdas y podéis apretar lo que queráis. Todo menos que se os caiga por la ventana. La gente no se fía después, aunque el negocio aparentemente funcione. No es que no estemos asegurados, no faltaría más. ¡Para algo…! Pero no se trata de eso. Se trata del gremio y del orden público, claro está. Se trata de que la gente cree que siempre hay un saco que se os cae e incluso dirán que lo habéis caído. Y todo por no saber hacer las cosas. A no ser que se os haya ocurrido tirarlo para hacer el burro o porque ya estabais hartos. O porque a fuerza de darle vueltas os ponéis como animales. Porque otra explicación no encuentro. Porque el saco no valía gran cosa. Y en peores mudanzas hemos andado.

HOY

¿Era el 18? ¿Era el 19? No recuerdo bien. Era por la mañana; media mañana o antes, tal vez. Lo que sí recuerdo es que en la casa se hablaba como andando a gatas. Yo pregunté:

—¿Qué han matado a quién?

Pero nadie había matado a nadie especialmente aquel día, me dijeron. Aún no. Tampoco nadie nos explicaba nada. Pero había un silencio espeso y miradas oblicuas y un quién sabe qué.

No recuerdo bien la cara de los mayores. Estaban todos como en un globo, muy arriba, y aunque uno se empinara poco se podía ver. Nos dijeron, severos y prácticos, que la calle estaba vedada para los niños hoy. Supongo que esta prohibición explícita fue lo peor. Salí a hurtadillas y, con prohibición y todo, nadie lo advirtió. La calle estaba desierta. Y el parque vecino también. Una calle desierta es todo lo que necesita un niño para andar. Anduve mirando a los portales y ventanas. No era sólo que no viera a nadie; era como si alguien —ignoro quién— a quien debiera ver no estuviese. Y seguí andando para buscarlo en la calle desierta.

Llegué al cruce y allí me quedé quieto. Los soldados bajaban desplegados en hilera de tres; dos hile-
ras por las dos aceras y otra en el centro. Tres. Lleva-
ban los fusiles en la mano, bajos, con la bayoneta en
el cañón. Bajaban la calle muy despacio. Delante iba
un oficial — ¿un comandante?, ¿un capitán? — con
la pistola en la mano. Miraba hacia arriba, hacia los
balcones, hacia los tejados. También miraba alrededor.

Volví y nada conté. En el recuerdo quedó, casi
sin tiempo, esta imagen perdida. Era un momento his-
tórico. Sí, de la historia, que está hecha de trapo y
sangre, como supe después.

2

EL REGRESO

Pensó que ya nunca volvería a tarta-
mudear. Sintió que sonreía.

C. C., *El regreso*

C. C. si è ucciso in esilio.

(De la prensa romana,
18 mayo 1969)

Ahora, entre todos y quizá desconociéndonos en parte unos a otros, comenzaremos a reconstruir la gran historia sin saber cuál es el cabo que hay que asir ni si la narración empieza o termina o si ya estamos in medias res ignorando que el rompecabezas no tiene clave.

Todo esto — escribe Jaime desde Madrid — *son especulaciones gratuitas y egoístas, fruto del deseo, de la nefasta "necesidad" de explicárselo.* Tiene razón. Queremos insertarte, con un burdo reflejo de autodefensa, en una causalidad grosera. Pero ni la causalidad ni el tiempo sirven para pensar el vacío, que además es impensable.

Vicente dice, no sé si sabes, de tu último libro que *leo su último libro muy a mi sabor, y quedamos amigos y nos veremos en otros viajes.* Y ahora que todos los viajes se funden en una sola y blanca víspera, cómo imaginar que en otros, que en los muchos viajes que sin cesar se cruzan en las sendas cegadas del mismo laberinto no habríamos de vernos. Porque sólo pensándote en causalidad y en tiempo cabría suponer que tú no has de volver ayer o que no has vuelto ya en el momento pasado de tu inminente regreso.

＊

He cogido un paño limpio, un paño sencillo y blanco, y me he puesto a limpiar el aire como un gran ventanal de vidrio. Y cuanto más limpiaba la lámina dura y delgada más veía a través de ella tu misma imagen, muy próxima y lejana como siempre.

—Entonces, digo, nada ha sucedido.

＊

Dull sublunary lovers love. Repetiste una y otra vez este verso, inclinando sobre el libro los grandes ojos miopes (*Donde primero hundió las tenazas el cangrejerío fue en los ojos miopes. Luego entre los labios delicados)*, mientras tu cabeza se veía sola y como decapitada en la luz circular que arrojaba la lámpara. Me preguntaste ávidamente el título del poema escrito en una lengua que sobre todo a ti, no a mí, pertenecía. Yo lo repito ahora una vez más, lo dejo caer en tus oídos y hacia un centro infinito, en la materia petrificada y eterna, en la vertiginosa libertad de lo que aún no es o ya ha sido creado y destruido, en las margas del eoceno en las afueras de La Habana, donde la piqueta del arqueólogo amenaza, siglos, años de luz más tarde, la huella mineral de un sexo erecto. Y escribo en grandes letras rojas contra el tráfico inicuo:

Un adiós: Prohibición del llanto.

*

María empezó a caminar por la habitación de puntillas, como ella suele, o con pasos muy breves y como trabada por una estrecha vestidura talar que, en realidad, no lleva. Dijo una palabra. Hay palabras, sabemos, que nos hilan de pronto (restauran simplemente un hilo mutilado) al centro de la tierra (*que algunos creen ígneo y yo supongo femenino y húmedo,* escribieras).

Estábamos los tres, María. Tendimos la mano a un tiempo, tal vez con esperanza desigual y acaso para hallar el mismo naipe. ¿Sabías tú que él lo había marcado, que era suyo?

Había un gran cuerpo celeste tendido en la infinita longitud de la tarde. (*Ieri pomeriggio... È stato trovato cadavere nella sua abitazione di via Gesù e Maria 5, all'interno 4.*) Y él y yo salíamos ahora haciendo trepidar absurdo el motor del coche bajo el tilo sagrado.

*

Estoy de pronto ante el obeso heroico funcionario que da una explicación crasa y correcta y general y obvia y aplicable a cuanto caso hubiere como éste para evitar equívocos siniestros.

Bienaventurado el que todo se lo explica, el recto, el ortorrecto, el rectodoxo, porque de él será el reino de las tapias, la ordenación feliz de lo empotrado, la apoteosis de la gran sordera.

*

Mayer tuvo, con más claridad que en ningún otro momento, la sensación de hallarse, como una criatura pequeña e indefensa en el vientre seguro, inmenso y fecundo de la iniquidad, perfectamente protegido — ¡para siempre, se dijo, para siempre! — de todas las iniquidades posibles.

*

Notó que los dedos le temblaban ligeramente. Hacía calor... El siroco se pegaba a las paredes de Roma como una lengua de fuego quieto. Era necesario taladrar el espesor de la luz para empezar a ver. *El calor*

*lo aplanaba todo. El estrépito innecesario en que la
ciudad se complacía se intensificaba a medida que el
sol comenzaba a descender. (Ieri pomeriggio. Giaceva
a letto in una posizione che sembrava naturale ed
aveva a fianco un flacone vuoto di barbiturici.)*

*Pocos días antes de emprender yo el viaje — escri-
bieras — mi cocinera decidió que era tiempo de con-
sultar a los muertos.*

*

Y déjame por tanto que haga resonar interminable
un tantán melancólico desde el Muelle de Caballería
a los vertederos del Tíber, sobre los enormes detritus
de la vida y la entrecortada eyaculación de la muerte,
mientras el viento extiende el soberano imperio de la
tarde hasta las aguas de una playa remota, donde el
cuerpo lustral reaparece y, súbito y solitario, empieza
a andar.

*

Tendría que ir angostando las palabras hasta subsumir el lenguaje en su silencio. Sobre la mesa había un naipe. Tú lo alzaste: no tenía figura. La palabra *nada* es hermosa, dijiste. Busqué en un libro la palabra *kū*, asociada a los cielos arrasados y a la doctrina oscura del vacío. La palabra *nada* es hermosa (la veías por fuera desde dentro) con esa casi no consonante intermedia absorbida en la blancura de la doble vocal única.

*

Volviste al fin mañana incorruptible con tu chaqueta azul y un pañuelo de seda y preguntaste, casi sin mirarme, con un tartamudeo de otro tiempo:

—¿Cómo te pareció mi último relato?

Yo estuve torpe, te confieso, temiendo que pudieras suponer que no me había parecido entre todos los tuyos el más lúcido, como tú desearas escribirlo, en el naipe vacío de figura donde ya nada puede estar escrito.

3

DIES IRAE

BAJÓ A PIE las escaleras de su casa y, por primera vez, advirtió que eran circulares. En cada círculo palidecía de modo desigual la enterrada esperanza de aquellos-que-jamás-debieran-haber-sido-paridos-para-alguna-esperanza. El centro o eje de todos y cada uno de los círculos era un árbol quemado. Recompuso con dificultad imágenes recientes de sí mismo, pero no pudo reconocerse. Continuó en lo oscuro su descenso. Sin otra luz ni guía. En el último círculo las salidas de urgencia parecían estar para siempre selladas. Se sentó en cuclillas. Percibió así otra más cruda luz que la de la transmisión de lo visible. Y al cabo comprendió cuánto había arriesgado en la partida : no ser ya objeto de amor, mas sólo de juicio.

UNDÉCIMO SERMÓN
(FRAGMENTO)

—Hay el odio —dijiste— cuyo fuego consume la raíz de la vida hasta forzar su nuevo alumbramiento.

»Pero hay el odio menor del infecundo, el odio sublunar del que no sabe más que abatir un cuerpo, el odio implícito del que calcula, busca, se aproxima con coartada y órdenes precisas, el odio por escrito, el odio a sueldo, el odio del ojeador, del policía, del frustrado escribiente, del letroide, del lívido, del ácido, del que vive perpetuo detrás de su solapa esperando la hora y el lugar que cree más propicios, el odio del anémico o del mínimo que no podrá llegar ni al ser ni al odio nunca.

UNA SALVA DE FUEGO
POR URIEL

Juntáronse los Senadores y Rabínos y
entrablaron acusación contra mí...

URIEL DE ACOSTA,
Exemplar humanae vitae

Estaban los ortodoxos en el sur, en el norte, en el este, en el oeste, agazapados debajo de su cama y en los repliegues de su pensamiento. Los rabinos se disfrazaban de viento de la tarde para hacerle preguntas engañosas sobre la inmortalidad. Él leía en la costra de las miradas la opacidad letal de lo enseñado. Escribía febrilmente hasta el amanecer y luego masticaba sus papeles para no dejar huellas o argumentos flagrantes a la acusación. Leía en las hojas de los árboles, en letras que él mismo dibujaba en la arena y la arena borraba, pues un libro en sus manos se entendía bien pronto como blasfemia contra los otros o su dios.

Viniera desde lejos huyendo de las palabras amarillas de la ley, mas los que allí le recibieron guardaban sólo en su memoria muerta los ácidos preceptos de otra ley. En vano interrogó a los más sencillos, buscó bajo la piel de los conformes, entró en el sueño de los niños solos. En las miradas de sus hermanos, de los hijos de sus hermanos, de los transeúntes huidizos que cruzaba al atardecer, comprendió que ya era para siempre la víctima o el pasto de los contaminados por la rectitud.

Fue así aniquilado, delatado, vendido por el miedo y entregado a su fin. El solitario apoyó sin rencor los labios húmedos en el cañón de un arcabuz armado y disparó.

EN LA SÉPTIMA PUERTA

> Oh raza teómana y duramente odiada
> por los dioses. Oh lamentable raza de
> Edipo, raza mía...
>
> *Los siete contra Tebas*, 653-5

Un hermano levantó armado el brazo diestro; el otro paró el golpe con el siniestro. Después se contemplaron de hito en hito y finalmente rieron satisfechos uno del otro. Ninguno había olvidado las tretas o las precisas reglas del juego. Uno lejos, en países absurdos; el otro sin salir del lugar. Si uno se agachaba, el otro saltaba rápido en el aire. Si tú eres serpiente, yo soy águila; si tú eres lagarto, yo halcón. El juego era como ayer, es claro; igual que ayer mientras apedreaban las mismas sabandijas en el muro paterno o más atrás buscaban la misma leche amarga en el mismo pezón o andaban a gatas mezclando los orines con los juguetes rotos hasta que el ama airada los baldeaba a los dos. Si uno saltaba en el aire, el otro se pegaba a la tierra sabiendo el lugar exacto donde el otro cuerpo había de caer. Combatieron con todo: con arpones, con cuerdas, con navajas barberas, con lanzas erizadas, con alambres candentes, con botellas rotas, con un solo puñal. El sol caía a plomo sobre las improvisadas graderías. El público impaciente empezó a negar la verdad del combate. ¡Tongo!, gritó. Con los ojos llenos de dura tierra, los dos hermanos midieron la distancia precisa que mediaba de corazón a corazón. Hicieron un gesto obsceno a sus compatriotas y de un solo golpe recíproco se abrieron en idéntico punto el pecho igual.

La multitud se dispersó entre nubes de júbilo o improperios. Cayó luego la tarde. El municipio de la ciudad de Tebas mandó aceitar los goznes de la séptima puerta para hacer más soportable su siniestro ruido en la próxima representación.

ACTO PÚBLICO

Todos le daban sangría al muerto. El acto era imponente, solidario, multíparo, ripioso. Todos le daban sangría a todos, luego al muerto y luego a todos otra vez, con vivas eruptivos a la patria perdida.

—¡Viva el muerto! — gritó el que dirigía.

Y todos respondieron:

—¡Viva, viva!

—El acto en sí carece de sustancia — dijo con distinción una señora —, pero el montaje, hay que ver, es fascinante.

Los grupos se movían, en efecto, con segura inconsciencia:

—¡Viva, viva!

Un intelectual peyorativo, ajeno al movimiento de las masas, barbotó en una esquina:

—La sangría es el opio del pueblo.

—¡Traición, traición! — clamaron los malditos con visible entusiasmo.

—El montaje, en verdad, es fascinante — repitió la señora.

—¡Viva, viva!

La caja del difunto hizo oír al caer un ruido bronquial o bochornoso. Los grupos evolucionaron con pancartas heroicas, vagamente ilegibles. Se produjo un tumulto. No hubo víctimas. No hubo nada, en rigor, que fuese memorable.

CON LA LUZ DEL VERANO

SE MURIÓ LA VIEJA. Se murió esta mañana. Murió al amanecer que es hora de la muerte. Se murió la vieja. Se murió de vieja. Se murió de morir. Murió de caerse al suelo (a esa edad, la caída, nos dijeron). Murió de no hallar luz al mirar de repente ante sus ojos. Murió con traje de fotografía antigua. Eran dos y ahora es una. Quedó sola su hermana, la que aún era más vieja, la que ahora es más vieja que fueran las dos juntas, siempre vestidas de remotas niñas. Se murió la vieja. Su hermana, la más vieja, no la puede llorar, le duele un ojo. Un ojo ya muy viejo y operado de poco. No la puedo llorar, dice llorando con el otro ojo. Se murió la vieja. Me lo dijo con pena una vecina. Bajamos la escalera de puntillas. Se murió este verano. No la puedo llorar, dice su hermana, doliéndole en el ojo el llanto retraído. Quién lo iba a decir con la luz del verano. No la puedo llorar. El verano está lleno casi siempre de indefinibles muertes y aposentos vacíos.

EL SEÑOR DEL CASTILLO

HABÍA UNA VEZ un rey que tenía tres hijas. La mayor era de oro; la del medio de ébano. A la menor nadie la conocía. El rey hizo construir un enorme castillo en lo más escondido de los bosques que ocupaban el centro de su dilatado reino. El castillo no tenía ni puentes ni poternas ni atalayas ni entrada, y era todo de cuarzos transparentes. Arrojaba en la espesura silenciosa una insólita luz. Los hombres que llegaban hasta él se hacían transparentes y morían. El rey estaba triste y convocó a los sabios de su reino. Llamó primero al último, a aquel que viene siempre cuando todas las respuestas de los otros ya han sido vanas, ciegas o tardías. Y cuando éste enmudeció, el rey hizo decapitar a los restantes. Una vez que no hubo más sabios en el reino, el rey entristeció de más tristeza. Sus súbditos cubrieron de tierra negra los caminos perdidos. Se supo entonces que nadie que buscase aquel reino podría nunca llegar a sus confines. El rey llamó a su lecho de muerte a sus tres hijas. La mayor era de oro; la del medio de ébano. A la menor nadie la conocía. Lloraron lágrimas de tierra y de ceniza. El llanto ritual detuvo el canto de las aves. El rey dividió el reino. A la mayor dio el aire, y a la del medio, el agua; a la menor, el castillo transparente. Mas la hermana menor se negó a recibirlo. Tomó al rey su padre de la mano y bajaron así al centro luminoso de la tierra. Quedó el castillo arriba, en medio de los bosques del dilatado reino, como luz o señal de lo menos visible, y cuantos hombres hasta él llegaban se hacían transparentes y morían.

TAMIRIS EL TRACIO

SÓLO quien en sus labios ha sentido, irremediable, la raíz del canto privado puede ser del canto.

Sólo el que ha combatido con la luz, cegado por la luz, puede al cabo dar fe de lo visible.

La historia de los dioses y los hombres cuenta como las Musas, hijas de la memoria, toda la noche combatieron, en número de tres, con Tamiris el Tracio por el poder del canto.

Una por una combatieron; luego en turnos de dos, mientras la más herida descansaba. Al fin las tres a un tiempo, invocando la oscura llamarada del dios de ojos oblicuos.

Pero el canto del hombre se alzaba solitario como flauta de fuego en el secreto centro de la noche.

Después, hombre en su noche, privado fue de la visión y el canto, pero ya el don del canto entero se cumpliera y su forma o verdad era ahora el silencio.

PSEUDOEPIGRAFÍA

El señor del oráculo ni declara ni oculta, significa.
No pongáis — añadió la mujer — ni el sí ni el no
de la contestación querida en la pregunta. Porque
del sí y del no nacen la desmesura, la cólera y la san-
gre, el ciclo roto de lo que el dios en el laurel mas-
cado ya no lee. Cubriendo el sí y el no está el oráculo
que a ambos los contiene, que los engendra por sepa-
ración de lo que no podrá jamás ser dicho, sino sig-
nificado [afirmado y negado al mismo tiempo].

[Por eso el autor de este texto fue llamado el
oscuro y al señor del oráculo, al dueño de la mántica,
apellidaron Loxias, es decir, el oblicuo.]

SEGUNDA VARIACIÓN
EN LO OBLICUO

El emperador Hui-Tsung pintó con exquisito cuidado en el detalle una codorniz y un narciso. El pájaro y la flor no ocupan en la hoja del álbum el centro del espacio iluminado, sino un lugar de más ligera luz en la esquina derecha. Aunque pintados con la pericia de un experto en la contemplación de la naturaleza, ni pájaro ni flor pueden ser centro, sino tan sólo indicación del centro o guía del ojo que los mira para alcanzar la forma no visible en que pájaro y flor están inscritos. Del poder y la gloria, de las victorias militares poco supo el monarca derrotado. Sobreviven, en cambio, en una esquina de luz atenuada el pájaro y la flor. Señalar una esquina ya es bastante, según Hui-Tsung sabía de Confucio. Para quienes no puedan hallar las otras tres inútil fuera repetirse.

DEL FABULOSO EFECTO
DE LAS CAUSAS

Las causas no engendraron sus efectos sino otras causas, y así. Los efectos, a su vez, se reunieron y las vieron volar en la distancia. Después, regocijados, fabricaron más causas, unas rojas, otras verdes, azules, amarillas. Las dejaron volar desde las plazas en el ambiguo aire de la tarde. Unas se desinflaron y cayeron. Otras, solemnes, súbitas, serenas, se cobijaron en la eternidad. Los efectos, indemnes, aplaudieron. El espectáculo al fin era perfecto, pues ninguno podía distinguir las causas que ellos mismos fabricaran de las que acaso ya estuviesen allí desde otro tiempo, más arriba tal vez del principio del tiempo, cuando el juego — pensaron — había comenzado.

FRAGMENTO DE UN CATÁLOGO

Mais où est le preux Charlemaigne?

¿Quién era hasta hace poco, dijéramos por caso, Charles Mellin? ¿Y quién es ahora mismo Du Fresnay, cuyo nombre contaba en otro tiempo entre los diez mayores de su siglo? ¿Quién es Charles Errand, rival feliz antaño de Le Brun, a superior altura levantado por espíritus tan varios y notables como el pintor Mignard, el ministro Noyers o el superintendente Ratabon? ¿Quién podría citar alguna de sus obras? Y, sin embargo, nadie más oficial que él, protegido que fue por dos ministros, y Canciller de la Academia de París. Ne parlons pas de la province. Exceptuando algunos casos de feliz renombre, como Boucher de Bourges, los Tassel de Langres, Thomas Blanchet y algunos tolosanos salvados de milagro por Du Puy Du Grez, casi todos los otros, petits maîtres, caído han en el abismo.

Quién es quién preguntarse fuera inútil entre las glorias que el olvido anega. La piedad familiar cuidó algún nombre. Los franceses acusan al Gobierno. Oscuros en su limbo, contemplan los maestros extinguidos como se apaga un cirio interminable.

EN RAZÓN
DE LAS CIRCUNSTANCIAS

VINO EL SEÑOR SOLEMNE y me encargó un himno.
Cuando escribí el himno me salió un responso.

Vino el señor solemne y me encargó una arenga.
Cuando escribí la arenga me salió un balido.

Vino el señor solemne y me encargó una oda. Cuando escribí la oda me salió un libelo.

Vino el señor solemne y me encargó un discurso.
Cuando escribí el discurso me salió un enigma.

Vino el señor solemne y me borró del mapa. Y yo salí inconfeso en otro punto.

INTENTO DE SOBORNO

En el gran almacén olía a hierro, olía a la dureza sonora del metal, a la hermética claridad del acero. Olía a largos mostradores de madera claveteada y compacta. Olía a perfección de embalajes exactos. Olía a puntas, a varillas, cerraduras, viguetas. Olía a láminas, a brillo, a superficies. Olía a la precisión de los aperos y a la pulimentada variedad del utillaje.

Se ingresaba primero en un largo pasillo de interminables mostradores corridos. Había allí una luz atenuada y claustral que cohibía al niño y lo hacía revestirse de sí mismo para oficiar en un rito embarazoso. A uno y otro lado, detrás de los seguidos mostradores, como santos de iglesia con medio cuerpo sólo, estaban los dependientes atentos a los precios y a las clases de las cosas metálicas para venta menuda. Los dependientes vestían guardapolvos. El niño los saludaba uno por uno y daba así comienzo al rito.

Al final del mostrador de la derecha estaba la cajera en su pequeño reino de tabiques exentos, con su ventanilla y su máquina sonora que parecía al niño una hucha sin fondo o embudo de prolongaciones no visibles que llevase el dinero a depósitos sumergidos bajo tierra. La cajera tenía una aguda voz demostrativa y daba la impresión de saber muchas cosas del mundo circundante.

El pasillo central desembocaba en un enorme patio de altísimo techado abierto en claraboya. La luz entraba así a chorros sobre las grandes mercancías, las planchas de metal, las básculas, las barras, los carriles, el hierro cellar, el alambre redondo o espinoso. Había una vagoneta de transporte interior y muchos materiales en espera y las manos espesas y seguras de los llamados mozos, en general ya hombres curtidos o doblados por el arduo trabajo, aptos para la carga y la descarga.

Después volvía el niño al pasillo en penumbra para caminar como si regresara a la puerta de entrada, pero por el corredorcillo lateral que se abría entre el muro y el mostrador de la derecha. Pues a la derecha de la puerta mayor, mas sin acceso inmediato desde ella, estaba la oficina. La oficina era el punto de destino, el fin del recorrido, el lugar en que el rito se cumplía.

Estaba la oficina realzada sobre el nivel común de los locales por varios escalones. El piso de cemento era allí de madera. No había ni era necesaria otra señal de preminencia. Sobre lo llano está lo insigne en plataforma. Allí no se ingresaba, se ascendía. El padre del niño introducía al tierno visitante. Allí debía dar el niño indicios de talento en perspectiva y de buenas maneras ya adquiridas. El padre era un servidor del tabernáculo. Tal fue durante muchos años su solo privilegio indiscutible. El oficio del padre pertenecía, igual que tantas cosas en el gran almacén, al reino de las formas. Llevaba el padre con precisión los grandes libros, las columnas del debe y el haber, los cuadros y los números. Pero, sobre todas las cosas, tenía el arte del calígrafo. El arte de las letras, los espacios, los rasgos. Un arte que ligaba la mano al pulso, el pulso al corazón, el corazón a la forma minuciosa. ¿Cuántos secretos golpes del corazón contiene una letra perfecta?

El padre servía así en el gran tabernáculo, recinto o sede del poderío de los socios. Los socios eran dos, uno de ellos difunto, presente sólo en forma de retrato y en la perpetuación aseminal de su dinero, adscrito por entonces a una rara entidad jamás visible, a quien todos llamaban la Viuda. El niño se imaginaba a la Viuda con muchos y encrespados pelos negros y numerosas patas laterales.

El otro socio estaba allí, real y verdadero, alojado en un cuerpo de pequeña estatura, suave o solapado en las maneras, tenue o blando en las manos, desva-

167

necido en el color del rostro, cuya línea más firme o memorable era la de la rigidez del bisoñé.

Poder y reverencia convergían en aquel hombrecito recortado que cuidaba sus frases y sus gestos en un esfuerzo vano por disfrazar con formas añadidas su escueta condición de mercader. Entre el viejo y el niño había siempre un diálogo igual y convenido. El niño disfrutaba de un trato deferente con que el viejo pagaba, en forma no onerosa, la lealtad del padre subalterno. El viejo dirigía con cuidado los pormenores de la breve escena. Todo imponía al niño su papel sabido. Al final recibía una moneda. Se compraba con ella ¿qué futura obediencia o qué complicidad o asentimiento? Era el final del rito, era un intento claro de soborno, raquítico y menguado como el hombre, como sus gestos aprendidos, como la espuria representación.

FUEGO·LOLITA·MI·CAPITÁN

De la vulgaridad municipal sobresalían, súbitos, repentinos, distinguidos, distintos, los locos del lugar. El clima era de nieblas muy espesas y el invierno infeliz. Las atenazadas clases medias de los años del hambre disimulaban pústulas secretas, pecaminosos embarazos, casos de tisis galopante o ciertos antecedentes no remotos de ingrata rememoración. Los locos, sin embargo, gozaban de relativa libertad. Personajes salidos de un naufragio, reales en lo absurdo, reconocibles en la irrealidad. Sólo ellos tenían, bajo el ácido humor de lo conforme o el estallido de las tuberías reventadas por el exceso de putrefacción, un gesto o una palabra memorables, una forma no encubierta de existencia, una visible identidad. Los demás, los señores venerables, verecundos, verdosos, chapoteaban en un agua baja de dudoso color. También un día único, en el único cine que allí había, habló de la extensión imperial de sus obras don José María Pemán (el intérprete actual puede manipular a su placer tal dato recurriendo al tremendismo o al gusto camp). Sólo los locos, a lo que recuerdo, gozaban de relativa libertad. La Chona, el Pincholín, la Sietesayas, y también don Manuel, el exorcista, que podía expulsar los demonios menores y masturbaba a los niños calenturientos, siempre sin violencias y de conformidad con el sujeto y la ocasión. Toda la tierra estaba llena de predicadores, de archimandritas, de floreros con rosas de papel amarillo, de personalidades eminentes y de discursos de inauguración. Sólo los locos fulgurantes sabían atenerse a su simple presencia, a un gesto o a una frase, al rigor misterioso con que aparece la realidad. Había uno entre ellos que al final se ahogó. No sé cómo ni dónde ni cuál era su nombre, pero sí la palabra o la pregunta en la que consistía su inolvidable manifestación:

—María, ¿vienes o no vienes?

Silencio. La pregunta. Otra vez el silencio y la pregunta. Y así hasta el fin. Rodaba la infancia, se ponía el tiempo de repente vivo en las mimosas del vecino monte, regresaba el otoño, caía sin estrépito la sombra, crecía a veces el terror nocturno, se deshacían los inmaculados lazos, andaba el llanto por las calles solas:

—María, ¿vienes o no vienes?

Nadie le levantó un monumento, nadie puso su nombre en una lápida ni nadie nunca pudo responder. Los predicadores cubrían por entonces todo el espacio con palabras muertas. Resplandecientes, súbitos, los locos iban llenando por derecho propio las cámaras sin luz de la memoria. Había, en fin, recuerdo, aquel que iba vestido de guerra o de guerrera. Llevaba medio traje militar, sin falta de respeto en lo visible a símbolo tan grave. Ostentaba medallas de diversos calibres y una margarita. No era hombre de humor o, si lo era, era de humor severo como a su atuendo acaso convenía. Le llamaban a una por las calles Fuego-Lolita-mi-capitán. Tal nombre era su historia, de tener él alguna. Tocaba su cabeza sosegada con dignidad marcial y una gorra de plato. Y cosida a la gorra, como señal o distintivo único, una bombilla eléctrica. Igual que en los tebeos, el símbolo inmediato de la iluminación o de la idea. ¡Fuego! Fuego-Lolita-mi-capitán. Fuego. Tinieblas.

DE LA NO CONSOLACIÓN
DE LA MEMORIA

No guardaba del lugar donde nació recuerdo grato alguno. Le habría gustado, me explicaba, nacer en ningún sitio para que en él pusieran sobre piedra solemne escrito en humo: Aquí no nació nadie.

No tenía recuerdo duradero que no fuera el de la infancia cercada. Torpe lugar de nieblas insalubres. Descargadero innoble de desechos del tiempo en estado de sitio. Pozo. Desde el brocal escrutas aún el fondo donde el agua sellada no recompone imágenes. Niñez y adolescencia sitiadas. Calle abajo venía un muerto prematuro con una indescifrable sonrisa en la voz ciega. Os dijisteis adiós. (Ya nunca volverían vuestros labios a unirse.) Alrededor todo tenía vida menor que un muerto. Era la mineral supervivencia del vacío de nada. Y en los pasillos, en las paredes, en los ridículos salones se escribía en palotes la parodia soez, la falsa historia de antemano negada.

Nadaba en el aceite un pez enorme. Tenía un ojo sólo; el otro, sumergido, abrasado, chirriaba. Lo miraste. Era tiempo de huir. Entonces dispusiste las palabras, ciertas palabras sueltas de sus sucios engastes, como puente de tablas sobre los dos abismos.

No conservaste imágenes, decías. Acaso sí. De una esquina de piedra y de un árbol segado. O la memoria de tu propio cuerpo, de un ave agonizante en las manos de nadie.

HOMENAJE A QUINTILIANO

> Se esforzó por apartar a sus discípulos
> de los *dulcia vitia* y por proponerles en
> todo normas áureas.
>
> (De un capítulo de literatura latina)

Vivía solo en un apartamento suntuoso. En todo se advertía que era un hombre importante, y más en la liviandad de su saludo:

—Todos aún somos, como ves, los mismos.

O en el terror a parecer innoblemente satisfecho del lugar que ocupaba, con pingües beneficios, plataformas, prebendas, uniformes, peanas.

—Ya ves, se sigue de esto, como bien nos dijeron — dije —, gran fruto en las costumbres.

Me miró de soslayo y después sonrió, como si reconociese o fingiese reconocer la polvorienta cita. De perfil contra la lámpara estaba, por diversas razones, indefenso. Ha echado sotabarba, pensé, y este pensamiento pareció llenar de láminas cortantes el salón en penumbra. En efecto, nada en sus cuarenta y cinco años triunfales, triunfantes de quién, con qué y en qué fofa victoria, podría vislumbrarse del encanto enfermizo con que un día brillara su tenue juventud.

—Gran fruto en las costumbres — añadí —, y no es menor el de las letras.

Después, ya arrellanado en el diván, proseguí en voz alta la lectura del bueno y familiar Ribadeneyra:

—Se buscan con toda diligencia varios modos de despertar y animar los estudiantes al estudio, y se usan nuevos ejercicios de letras y nuevas maneras de conferencias y disputas y de premios; los cuales y el puntillo de la honra y la competencia y la prominencia de los asientos y títulos son grande espuela...

—Sí — dijo él con súbita firmeza, sintiéndose de pronto más seguro de sí, de su contorno, de la notoriedad de su persona y de su puesto.

Volví a mirarlo. Estaba siempre, recordé, con los romanos. Porque así dividían los reverendos padres a la clase, entre cartagineses y romanos, con la debida prominencia de asientos y de títulos, y el sonido feliz, heroico, sacrosanto, de la radiante espuela. Y no sé por qué extraños equilibrios, componendas de puntos y torneos, ganaban siempre los romanos. La Historia era la Historia, al fin y al cabo.

—En efecto, así es y así lo afirmo; para que así lo sepan (dijo un día uno de los docentes, con fines clandestinos llamado el Gran Preboste) los que sienten extrañas simpatías por el perverso Aníbal, capaz como fue éste de hacer un juramento de odio eterno ante el altar de sus oscuros dioses.

Mi huésped masticó con amargura el lejano recuerdo y después me miró desafiante:

—Es cierto había entre vosotros criptocartagineses que contaban al revés las guerras púnicas. Parecería un juego de niños; no lo era. Y hoy puedo repetirte, igual que ayer el Gran Preboste, que la Historia es la Historia.

Comprendí que se trataba de una provocación y no contesté. Las reglas del casuismo me autorizan en correcta moral a no acusarme. Cogí de nuevo el libro, por un momento abandonado, y leí al azar:

—Y Quintiliano enseña de cuanto provecho sea esto...

Mi huésped se dejó caer en la butaca. Cerró los ojos mientras yo leía. En correcta moral. Los decuriones, centuriones y príncipes. La historia, los retretes, los romanos. En rigor, los retretes del Colegio tenían que estar desiertos a tal hora. Nadie podía haber quedado en ellos; no, no era pensable. Pues Quintiliano enseña. Salvo por quiebra, error o desajuste de la Biografía o de la Historia. Cerró los ojos mientras yo leía. Jadeaba. Reconocí su voz y la del Gran Preboste a través de la mezquina medianera. Nada en recta moral me obligaba a acusarme. El lugar era estrecho. Se buscan con diligencia varios modos. Mi huésped se dejó caer en la butaca. Cerró los ojos. Quintiliano enseña que aunque el apetito desordenado de sí es vicio... Se oían con notable nitidez el ritmo de la boca y los gemidos. En clase la palabra Quintiliano provocaba un rápido intercambio de señales soeces. A través de la mezquina medianera oí al Gran Preboste gritar roto de voz en el orgasmo: *Vivamus atque amemus*. Mi huésped salió a gatas por el portón trasero. Jadeaba. Que la virtud alabada crece, nos dijeron. Cerró los ojos mientras yo leía. Y la gloria es espuela que hace aguijar. Así sea.

LOS NICOLAÍTAS

Esto tienes, empero, que aborreces las obras de los nicolaítas, que yo también aborrezco.

JUAN, *A la Iglesia de Éfeso*

Los reconocerás porque llevan siempre una oreja portátil y una lengua subsidiaria y reptante. Los reconocerás por la tenue palidez de sus segundas manos y el escondido sobresalto que a veces les produce una mirada. Les gustan las comidas concertadas, las fechas y la relación general con hombres públicos. Se alimentan de tres clases de humos. Veneran a Baal, como es sabido. La piedad es su forma de impiedad más segura. Tienen criterios, normas, islas y archipiélagos. Pueden reproducirse por esporas. De la reversibilidad del sí y del no obtienen memorables beneficios. Podrían ser necrófagos, mas no hay de ello prueba irrefutable. Los signos del poder establecido les suelen producir un hipo breve o cortos derramamientos convulsivos. Sienten predilección por las banderas, por la competición y el éxito. Practican tres deportes y carecen de brazos naturales. Algunos de ellos son altos, fofos y fragantes. Éstos ocupan puestos secundarios y se utilizan de relleno en actos y en salones. Llevan cartas de recomendación y apoyo en tubitos metálicos adaptados al recto. También los reconocerás en cuanto dice de ellos relación con los ídolos. Y puesto que han llegado a poseer la tierra, sabemos hoy, filioli, camaradas, hermanos, que el tiempo de su destrucción está cumplido.

ÍNDICE

1

2

3

Impreso en julio de 1973
en los talleres de Ariel, S. A.,
Avda. José Antonio, 134-138
Esplugues de Llobregat